D1691979

Zunächst möchten wir uns bei allen bedanken, die uns ihre Ortskenntnisse zur Verfügung gestellt haben, denn viele dieser Bilder wären nie entstanden, hätten wir nicht überall jemanden gefunden, der sich im Urwald gut auskennt. Ein warmes Dankeschön gebührt auch Anne-Laure Pernecker von Jacana, die unsere Foto-Pilgerfahrten seit vielen Jahren begleitet und die als Erste an dieses Buch geglaubt hat. Wir bedanken uns auch bei Liliane Volery für das Lektorat des Textes und die vielen guten Ratschläge sowie bei dem Team von Milan, mit dem wir sehr gerne zusammengearbeitet haben.

C. J. & J. R.

Bildnachweis:

Catherine Jouan & Jeanne Rius / Jacana / Eyedea

Illustration S. 6: Amandine Labarre

© 2007 Éditions MILAN - 300, rue Léon-Joulin, 31101 Toulouse Cedex 9, Frankreich.
Die französische Originalausgabe erschien erstmals 2007 unter dem Titel
»Les aventuriers de la nature. Jungles mystérieuses« bei Éditions Milan
www.editionsmilan.com

Aus dem Französischen von Anne Brauner
Alle Rechte der deutschsprachigen Ausgabe:
© 2008 Esslinger Verlag J.F. Schreiber
Anschrift: Postfach 10 03 25, 73703 Esslingen
www.esslinger-verlag.de
ISBN 978-3-480-22459-3

Geheimnisvoller

Dschungel

C. Jouan • J. Rius

DIE GROSSEN ABENTEUER DER NATUR

esslinger

ENTDECKUNGSREISE IM DSCHUNGEL

In dieser faszinierenden Welt lassen sich die Beziehungen zwischen Pflanzen und Tieren gut beobachten.

Wie lange wird es dauern, bis von den Dschungeln der Welt nichts mehr übrig ist? Diese Frage veranlasste uns zu einer Forschungsreise in die Regenwälder, deren Reichtum und Bedeutung wir festhalten wollen. Beinahe zehn Jahre lang haben wir den Dschungel in Amerika, Asien und Afrika fotografiert – keine leichte Aufgabe, wenn man mit Regen, Hitze, unentwirrbaren Pflanzen, dem Halbdunkel und einer äußerst scheuen Tierwelt zu kämpfen hat. Allen Herausforderungen zum Trotz brachte uns der Dschungel mit seinen unerschöpflichen wundersamen Details immer wieder zum Staunen. Hier ist jedes Lebewesen – vom nachdenklichen Orang-Utan in der Baumkrone bis zur Gespenstschrecke, die sich unter einem Zweig versteckt – ein kleines Wunder und das unersetzliche Ergebnis einer Entwicklung von mehreren Millionen Jahren.

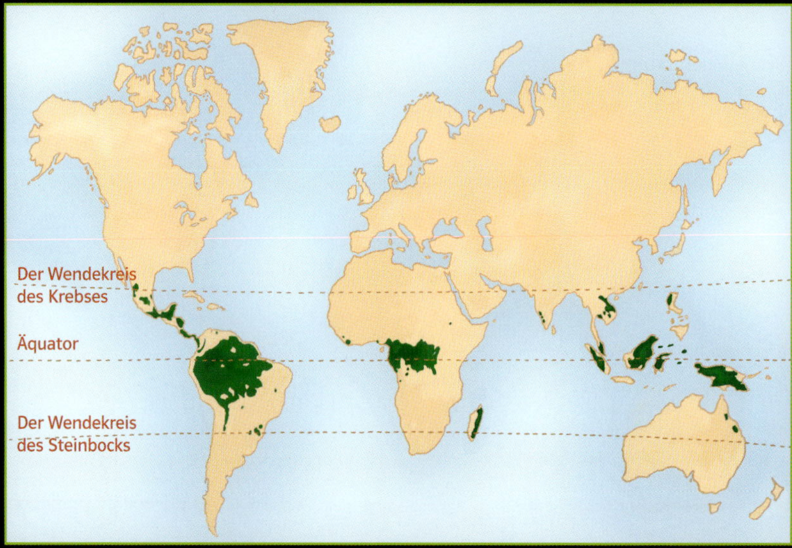

Die Regenwälder auf der Weltkarte

DIE FÜLLE DER TROPEN

Eine Vielfalt an Arten

Die Regenwälder erstrecken sich auf beiden Seiten des Äquators wie ein Grüngürtel um die Erde. Aufgrund des vielen Regens und der feuchten Wärme gibt es hier eine so außerordentliche Artendichte wie sonst nirgends auf dem Planeten. Obwohl sie nur 6 % der Erdoberfläche einnehmen, leben hier über die Hälfte aller Tier- und Pflanzenarten.

Heulen, fauchen, kreischen, summen. Wer macht welches Geräusch?

Im Dschungel leben mehr Tier- und Pflanzenarten als in jedem anderen Lebensraum, aber sie zeigen sich nicht ohne weiteres. Vor allem die Tiere sieht man kaum. Auch wenn man die Vögel rufen und singen, die Frösche quaken und die Insekten rascheln hört, muss man sich sehr anstrengen, ein Tier tatsächlich zu entdecken. Im Dämmerlicht zwischen den Pflanzen erschließt sich nichts auf den ersten Blick.

Es ist sogar schwierig, die einzelnen Bäume zu erkennen. Meistens sieht man einen runden astlosen Baumstamm gen Himmel streben, der von Lianen und Kletterpflanzen umschlungen und bis zur Unkenntlichkeit bedeckt ist. Im Gegensatz zu Wäldern in gemäßigten Klimazonen, wie zum Beispiel bei uns in Deutschland, wo sich die Pflanzen in Familien ansiedeln, herrscht hier eine verwirrende Vielfalt. Zahlreiche Arten sind miteinander verflochten und nur selten findet man zwei ähnliche Bäume nebeneinander.

Ein Großteil der 4000 verzeichneten Palmenarten ist im Regenwald beheimatet. Einige entfalten ihre weiten Palmenfächer, um die Sonnenstrahlen einzufangen und geben so gleichzeitig zahlreichen kleinen Tieren Schutz vor Vögeln oder Fledermäusen. Die Insekten verbergen sich unter den Blättern, wo sie nur schwer zu entdecken sind.

Ganz allmählich gewöhnt man sich an die scheinbare Gleichförmigkeit des Waldes. Das Auge passt sich an und entdeckt schließlich einzelne Details wie diese senkrechten Stängel, durch die plötzlich eine Pracht-Zornnatter bricht, die genauso grün ist wie ihre Umgebung. Im unteren Bild enthüllen die Sonnenstrahlen, die durch das Blatt scheinen, die Silhouette eines Geckos.

Bevor sie diese tollen Fotos machen können, sollten die Fotografen wissen, welche Lebewesen in der Nähe sind – auch wenn sie noch so klein sind.

Eine Vielfalt an Formen und Farben

Im Dschungel stehen ungefähr 250 Baumarten pro Hektar. Diese große Pflanzenvielfalt erklärt die ungewöhnlich zahlreich vertretenen Tierarten, denn sie bietet ihnen allerlei Schlupfwinkel und Nahrungsquellen. Damit so viele Tiere beisammen leben können, mussten sie sich spezialisieren und ihr Verhalten an den jeweiligen besonderen Lebensraum anpassen.

In Mittel- und Südamerika gibt es 50 Affenarten. Weil sie so unterschiedlich sind, können sie alle Bereiche des Regenwaldes nutzen. Sie unterscheiden sich in Größe, Aussehen, Lebensweise und Lebensraum. Die kleineren, wie dieser Löwenaffe, wiegen nur wenige hundert Gramm und ernähren sich ausschließlich von Insekten. Deshalb kommen sie den etwas größeren Weißkopfsakis nicht in die Quere, die lieber Früchte fressen.

Da die Dschungelbewohner alle denselben Lebensraum nutzen, müssen sie sich deutlich voneinander unterscheiden.

In ganz Europa gibt es 400 Tagfalterarten. In Costa Rica, das ungefähr so groß ist wie Baden-Württemberg und Schleswig-Holstein zusammengenommen, sind es zehnmal so viele.

Im Amazonas-Wald leben viele Vögel. Mit ihrer Größe von bis zu einem Meter fallen die Aras, die größten und buntesten Papageien, besonders auf. Mit dem hellblauen Gefieder und der sonnengelben Brust verbindet der Gelbbrustara Farben, die in der Natur nur selten vorkommen.

Chamäleons aller Arten

In den Regenwäldern der Insel Madagaskar fühlen sich Chamäleons besonders wohl. Die gut 50 Arten machen etwa zwei Drittel der weltweit verzeichneten Chamäleons aus. Das kleinste Tier passt auf den Fingernagel eines Menschen, während das größte 90 Zentimeter lang werden kann. Einige Arten sind scheu, andere dagegen machen durch auffällige Farben auf sich aufmerksam.

Da sich die Insel Madagaskar vor 165 Millionen Jahren von Afrika löste, entwickelten sich dort Chamäleonarten, die man an anderen Orten nicht kennt.

Das kleine Chamäleon namens *Calumma boettgeri* hat sich an das Leben im Baum gut angepasst. Die Füßchen enden in fünf Zehen mit starken Krallen, sodass es sich gut festklammern kann.

Chamäleons wechseln die Farbe nicht nur, um sich besser tarnen zu können. Die Farbe hängt auch mit ihrer Stimmung zusammen. Wenn das Panther-Chamäleon-Männchen ein Weibchen zur Paarung sucht oder einen Rivalen besiegt hat, wird es rot. Hat es Angst, färbt es sich schwarz.

Trotz einer Größe von fast 70 Zentimetern lässt sich das Parson-Chamäleon nicht so leicht beobachten. Das grüne Tier verschmilzt bis zur Unkenntlichkeit mit dem Grünton des Blattwerks.

Das Stummelschwanzchamäleon, *Brookesia minima*, erreicht mit Mühe eine Größe von 3,5 Zentimetern. Als kleinste Chamäleonart lebt es am Waldboden, wo es ungesehen im welken Laub unterschlüpfen kann.

Unglaublich viele Insekten

Insekten stellen den größten Teil der Tierwelt. Wissenschaftler haben berechnet, dass auf einem einzigen Hektar Tropenwald mehrere Tonnen Insekten vorkommen können. Ein einziger Baum kann über 40 Ameisenarten beherbergen, während der Nachbarbaum vielleicht Hunderten von Käferarten Zuflucht bietet, die auf keiner anderen Pflanze leben können.

Es gibt nicht nur unglaublich viele Insekten, sie sehen auch ganz unterschiedlich aus. Diese Laternenträger-Zikaden aus Borneo erleuchten nicht etwa die Dunkelheit, wie ihr Name vermuten ließe. Mit ihrem ungewöhnlichen Aussehen, den leuchtenden Farben und dem seltsamen Auswuchs am Kopf jagen sie ihre Feinde mühelos davon.

Bei den Zahlen kann einem schwindelig werden: Dieses ungewöhnliche, mit bloßem Auge kaum wahrnehmbare Wesen zählt zu den 2500 bisher bekannten Arten der Buckelzirpen. Viele weitere Arten wurden voraussichtlich noch gar nicht entdeckt. Denn angesichts solch getarnter und unerwarteter Lebensformen gestaltet sich die Arbeit der Insektenforscher schwierig. Aus diesem Grund sind die Statistiken zwangsläufig ungenau und können nur angeben, dass im Dschungel zwischen 4 und 6 Millionen Insektenarten leben.

Der tropische Regenwald birgt noch immer zahllose Geheimnisse. Nur ein geringer Teil der Insektenpopulation wurde bis heute entdeckt und registriert.

Man kann zwar nicht alle Insekten in der Umgebung sehen, aber ihr Konzert ist beeindruckend genug. Im Primärwald, dem unberührten Regenwald, ist es unglaublich laut.
In Südostasien kündigt das Zirpen der Zikaden Sonnenauf- und Sonnenuntergang an. In diesen Momenten übertönen sie alle anderen Geräuschquellen.

Der Küstenwald

Der Dschungel ist wie ein großes Puzzle, dessen Einzelteile eng ineinander verschachtelt sind. Die jeweiligen Teile unterscheiden sich je nach Höhe, Bodenbeschaffenheit, Niederschlagsmenge und Klima deutlich voneinander. Um eine Vorstellung von ihrem Reichtum zu gewinnen, sollten sie einzeln betrachtet werden. Beginnen wir mit dem Küstenwald!

Da die Küstenwälder direkt am Meer liegen, sind sie stark dem Wind ausgesetzt. Er nimmt ihnen Feuchtigkeit, weshalb die Bäume spärlicher stehen und es häufiger Lichtungen gibt. Die Bäume, die auch als »heliophil« bezeichnet werden, weil sie einen sonnigen Standort bevorzugen, werden nicht sehr groß. Sie müssen nicht in die Höhe schießen, um genügend Licht zu bekommen. Hier leben zahlreiche Reptilienarten wie Eidechsen und Grüne Leguane, die ebenfalls die Sonne lieben.

Der Grüne Leguan lebt in den Küstenwäldern Mittel- und Südamerikas. Der Pflanzenfresser ernährt sich von Früchten, Blättern, Blüten und Knospen. Er wird bis zu zwei Meter lang, ist jedoch trotz seines einschüchternden Aussehens ein ängstliches Tier. Beim leisesten Geräusch lässt er sich mehrere Meter tief fallen, bis er mit einem dumpfen Geräusch im Unterholz landet. Von dort flüchtet er so schnell wie möglich zum nächsten Gewässer, wo er bis zu dreißig Minuten lang untertauchen kann.

Da der Küstenwald so leicht zu erreichen ist, leidet er am meisten unter dem Einfluss des Menschen. Mittlerweile ist nur noch ein kleiner Teil erhalten.

Der Mangrovenwald – Leben an Land und im Wasser

Wälder aus Mangroven können als einzige sozusagen mit einem Fuß im Meer und einem an Land stehen. Diese verholzenden Salzpflanzen sind nicht nur hervorragend an Salz, Sand und Schlick angepasst, sie werden durch die Gezeiten auch regelmäßig überspült oder sind immer wieder großer Trockenheit ausgesetzt. Von ihren Wipfeln bis zu den verflochtenen Wurzeln bieten sie vielen Insekten, Vögeln, Fischen, Krabben und Kleinlebewesen Lebensraum und Nahrung.

Mangrovenwälder wachsen an Küstenabschnitten, die vor den Wellen geschützt sind. Auch Flussmündungen eignen sich gut als Standort. Zweimal täglich werden sie überflutet, während das Meer die winzigen Teilchen Erde mitführt, aus denen sich der Schlick bildet. Dieser Schlick, der zusätzlich mit welkem Laub angereichert wird, entwickelt sich zu einer Nahrungsquelle für Würmer und Krebse, deren Rückstände anschließend von Fischen, Garnelen und Weichtieren aufgenommen werden.

Um sich im weichen Boden halten zu können, haben die Mangroven sogenannte Stelzwurzeln, die den Stamm stützen. Es gibt viele verschiedene Mangrovenarten, doch die Rhizophora eignet sich am besten für das Leben im Wasser. In diesem Lebensraum, der vor der Strömung gut geschützt ist, legen Fische und Garnelen Eier zwischen das verworrene Wurzelwerk. Weitere Tierarten, die im Meer schlüpfen, flüchten später zwischen die Mangroven, um ihr Wachstum dort ungestört fortzusetzen.

Mangroven sind die reinsten Eroberer. Mit ihren Wurzeln, die sich im Schlick halten, ringen sie dem Meer Land ab und erschaffen so ständig neue Gebiete.

Bei Ebbe sieht man plötzlich viele verschiedene Krebsarten mit glänzenden Panzern, die mit ihren Scheren im Schlick nach Nahrung suchen.
In ihrer Nähe trifft man manchmal auf Schlammspringer, die sich mit ihren Flossen an Land hieven, um Würmer zu fressen. Dank einer Mischung aus Luft und Wasser in ihren Kiemen können sie auch über Wasser atmen, müssen jedoch ab und zu durch einen Sprung ins Meer wieder für Wassernachschub sorgen.

Die Zukunft der Nasenaffen ist ungewiss. Sie sind durch Jäger und die Abholzung der Mangrovenwälder vom Aussterben bedroht.

Nasenaffen leben nur auf der Insel Borneo, wo sie sich ausschließlich in den Küstengebieten aufhalten. Von dieser seltenen Affenart gibt es nur noch knapp achttausend Tiere. Sie gehören zu den wenigen Säugetieren, die auch in Mangrovenwäldern leben. Zu diesem Zweck wurden sie von der Natur mit Schwimmfüßen ausgestattet, damit sie in dem weichen Schlamm besser laufen und die Flüsse durchschwimmen können. Überdies können außer dem Nasenaffen nur wenige Tiere die zähen, salzigen und giftigen Blätter der Mangrove verzehren. Hierfür benötigen sie einen ganz besonderen Magen. Deshalb haben die Affen auch so dicke Bäuche: Die Blätter werden im Magen mehrere Stunden lang durch besondere Bakterien von Giftstoffen befreit. Dieses Weibchen wählt mit Bedacht die zartesten Mangrovenblätter aus. Nach der Nahrungsaufnahme legt es sich in eine Astgabel und ruht sich aus, denn die Verdauung einer solchen Mahlzeit kostet viel Energie. Weibchen lassen sich leicht an der Himmelfahrtsnase erkennen, während Männchen ein solch langes Nasenanhängsel besitzen, dass sie es beim Fressen zur Seite schieben müssen.

Wo die Bäume auf Stelzen stehen

In tiefer gelegenen Regionen, den sogenannten Seegebieten, treten die Flüsse häufig über die Ufer und überfluten weite Gebiete des Waldes. Dieses Hochwasser führt nahrhaften Schlick mit, der sich ablagert. Auf diese Weise entstehen Sumpfwälder mit einer üppigen Pflanzenwelt.

Um in dieser Umgebung aus braunem Wasser und schlammigem Schlick zu überleben, entwickelten die Pflanzen kräftige Stelzwurzeln, mit denen sie sich in dem weichen Boden fest verankern können. Im Fall der Schraubenpalmen bilden die Wurzeln unten am Stamm eine über 1 Meter hohe Pyramide. Selbst bei Hochwasser bleibt der Stamm auf diese Weise im Trockenen.

Raubtiere wie der Unechte Gavial aus Malaysia, den man an seiner langen schmalen Schnauze erkennt, können sich zwischen dem Wurzel-Wirrwarr gut verstecken. Man könnte ihn auch für einen Baumstamm halten, wenn er reglos und geduldig auf Beute lauert, die zum Trinken an den Tümpel kommt. Auch seine Verwandten, die Kaimane, Krokodile und Alligatoren bedienen sich dieser Jagdtechnik.

Schwammiger Boden, Morast und ineinander verflochtene Pflanzen – in diesem überschwemmbaren Wald ist fast kein Durchkommen.

Auch der Bindenwaran ist im Seegebiet zu finden. Diese Riesenechse wird fast 2 Meter lang und wiegt 6 Kilo. Die fleischfressenden Bindenwarane fressen alles, was sie finden: Insekten, Vögel, Weichtiere und Krabben. Sie tauchen im Sumpf nach Fischen und können unter Wasser bis zu einer halben Stunde auf der Lauer liegen.

Am Flusslauf

Flüsse und Bäche sind wahre Lichtpfade mitten im Wald. Hier wachsen besonders viele Pflanzen. Jede Pflanze kämpft um den besten Platz an der Sonne. In ihrer Üppigkeit betonen sie den Flusslauf und sorgen für eine Landschaft, die vom Gesang Tausender Vögel widerhallt.

Geduldig geht der Grünreiher im Wasser auf die Jagd und wartet auf den richtigen Zeitpunkt zum Zuschnappen. Blitzschnell fischt er einen Fisch aus dem Wasser. Als unerschöpfliche Nahrungsquelle zieht der Fluss noch mehr Wasservögel wie Ibisse, Seiden- und Löffelreiher, Pelikane, Kormorane, Fregattvögel und weitere Arten an. Sie sitzen oft in den großen Bäumen am Flussufer.

Am Bach sieht man eines der wichtigsten Merkmale des Dschungels: Wo das Licht durchdringt, gibt es unglaublich viel Leben.

Der Stirnlappenbasilisk ist eine interessante Eidechse, die in Mittelamerika vorkommt. Er kann verblüffend schnell zweibeinig auf dem Wasser laufen. Das Wasser ist gleichzeitig sein Zufluchtsort und sein Jagdgebiet. Gerne ruht er sich auf einem niedrigen sonnenbeschienenen Ast über dem Wasser aus.

Die Heimat der Baumriesen

Auf dem Weg zum Licht überragen einige Bäume ihre Nachbarn deutlich. Sie werden auch Überständer oder Emergenten genannt. Ihre Hauptäste spannen sich wie riesige Sonnenschirme, die nur 2 % der Sonnenstrahlen durchlassen. Am Fuß dieser Kolosse, die bis zu 70 Meter hoch werden können, wachsen kaum noch Pflanzen.

Im südamerikanischen Dschungel, in dem dieser kleine Rote Sumpf-Springaffe lebt, gibt es viele hoch aufragende Kapok-Bäume. Vom Boden aus wirkt das Blätterdach lächerlich klein im Vergleich zu dem starken glatten Stamm. Alle Baumriesen im Regenwald sind aus sehr hartem Holz und werden von starkem Wurzelwerk gehalten.

Es ist unglaublich schwierig, den Puma vor die Kamera zu bekommen. Diese Großkatze hat so viel Angst vor den Menschen, dass sie diese meidet.

Im südamerikanischen Unterholz fürchten die meisten am Boden lebenden Säugetiere den Puma. Der geschickte Jäger kann mit einem Satz sieben Meter weit springen und seine Beute mit einer Geschwindigkeit von 80 Stundenkilometern verfolgen. Auch der Nasenbär hat Angst vor ihm und verlässt den Schutz des Baumes nur, wenn der Hunger ihn dazu zwingt. Der mit dem Waschbär verwandte Nasenbär ist tagsüber aktiv und findet seine Nahrung im Erdboden. Er frisst Wurzeln, Knollen und manchmal Eier, die er mit seinem hervorragenden Geruchssinn aufspürt und mit den starken Krallen an den Vorderbeinen ausgräbt.

Der Nebelwald

In höheren Lagen ist es kühler und aus der aufsteigenden feuchtwarmen Luft der Niederungen bildet sich Nebel im Wald. Da die niedrigen Temperaturen das Wachstum der Bäume bremsen, werden sie nicht so groß wie die Baumriesen. Der Waldboden dagegen bekommt mehr Licht und dadurch mehr Leben.

In diesem Bereich des Regenwaldes leben nicht so viele Tiere, aber der Pflanzenreichtum ist außergewöhnlich groß. Es ist so feucht, dass die Pflanzen das notwendige Wasser allein aus der Luft schöpfen können. Hier herrschen Moose und Flechten vor, die jeden Stamm bedecken, dazu Orchideen, Baumfarne und Lianen, die sich zu einem undurchdringlichen grünen Netz von Baum zu Baum hangeln. Aus vielen Pflanzen des Tropenwaldes werden bereits Medikamente gewonnen, während die möglicherweise heilende Wirkung anderer noch unbekannt ist. Hunderte von diesen Pflanzen sind registriert – andere, die ebenfalls Wirkstoffe gegen schwere Krankheiten enthalten könnten, müssen erst noch entdeckt werden.

Der Nebelwald verdankt seinen Namen dem Nebelkleid, das ihn stets verhüllt und ihm eine unwirkliche Aura verleiht.

WO WASSER UND LICHT VERSCHMELZEN

Im Gewächshaus der Natur

Der Tropenwald ist der wärmste und feuchteste Lebensraum der Welt. Man könnte ihn mit einem Gewächshaus vergleichen, in dem die Pflanzen in kürzester Zeit immer weiter wachsen, keimen und Früchte tragen. Es regnet oft, aber auch die Sonneneinstrahlung ist stark, sodass viel Wasser verdunstet.

Tropengewitter

Nirgends regnet es so wie im Tropenwald. Innerhalb von einer Stunde fallen 6 Zentimeter Regen auf das Blätterdach, durchnässen die Wipfel, füllen die Flüsse und tränken den Boden. Der Jahresdurchschnitt liegt bei 4 Metern Niederschlag im Vergleich zu ca. 800 Millimetern in Deutschland. Das ist aber auch gut so, denn die Bäume brauchen etwa 100 Liter Wasser, um 1 Kilo Blätter hervorzubringen.

Als Reisender im Dschungel ist man entweder nass weil man schwitzt oder weil es gerade regnet.

Unter den zahlreichen Pflanzen verbirgt sich der nährstoffarme Boden des Regenwaldes. Ein kleiner Wasserlauf kann sich schnell in einen reißenden Strom verwandeln, der den Boden auswäscht und auslaugt. Er raubt den Bäumen die Nahrung und trägt sie mit sich zu den großen Flüssen. Ohne das grüne Blätterdach, das die Erde schützt, hält der Boden dem Wasser nicht lange stand. Deshalb werden auch gerodete Flächen über kurz oder lang unfruchtbar sein.

Obwohl die Gewitter für den Regenwald sehr wichtig sind, führen sie auch immer wieder zu Schäden. Bei starkem Regen verdoppelt sich zeitweise das Gewicht der Bäume, die daraufhin häufig umfallen.
Die Pflanzen sind an die hohe Luftfeuchtigkeit gewöhnt – sie brauchen sie sogar. Wenn es einmal vier Tage nicht regnet, leiden sie sehr. Auch die Tiere ziehen Nutzen aus den Wolkenbrüchen. Der Guyana-Spitznasenfrosch kann bei dieser Gelegenheit mit wenigen Schwimmzügen ein neues Jagdrevier erforschen.

Der Wasserkreislauf

Das Wasser im Dschungel fließt, tropft, ergießt sich und taucht wieder auf. Diesem Kreislauf verdankt der Regenwald seine Fülle. Bei den ersten Sonnenstrahlen verdunstet das Wasser auf den Blättern und steigt als leichter Nebel über die Berge, wo sich Wolken bilden. Nachmittags kommt es dann als Gewitterregen wieder zu den Pflanzen und Tieren zurück, die es benötigen. Teilweise versickert es auch im Unterholz oder verdunstet, um später wieder über dem grünen Blätterdach abzuregnen.

In der warmen Morgensonne steigt die Feuchtigkeit, die sich nachts in den Bäumen gesammelt hat, als dichter Nebel auf und verschleiert den Regenwald. Er hüllt sich in den Nebel, den er selbst gebildet hat, und schafft auf diese Weise eine Gewächshausatmosphäre, die sein Überleben sichert.

Der größte Teil des Niederschlags wird von den Pflanzen aufgenommen, während der Rest davonrinnt. So entstehen zahllose weiße Wasserfälle, die sich zwischen den Bäumen ergießen und die Steine bespritzen.

Drei Viertel des Niederschlags verdunsten und steigen wieder hoch in die Atmosphäre. Der aufsteigende Wasserdampf wird zu feuchter Luft oder zu Gewitterwolken. Diese verringern wiederum die Sonnenhitze und sorgen somit im Regenwald für eine konstante Temperatur und einen steten Sprühregen. Für die tropischen Tier- und Pflanzenarten, die sich in dieser saunaartigen Atmosphäre wohlfühlen, herrschen auf diese Weise ideale Bedingungen.

Die bei 98 % liegende Luftfeuchtigkeit ist ein Alptraum für jeden Fotografen. Das unaufhörliche Dampfbad lässt die Objektive beschlagen und zerstört auf die Dauer das Material.

Ein Paradies für Frösche

Frösche müssen in einer feuchten Umgebung leben, weil sie sonst austrocknen. Kein Wunder, dass es im Regenwald von Fröschen nur so wimmelt. Ihre Lebensräume sind allerdings sehr unterschiedlich: Man entdeckt sie in Sumpfgebieten und Gewässern, am Waldboden und sogar in den Baumkronen. Es ist faszinierend, wie sich die Tiere den unterschiedlichen Lebensräumen angepasst haben.

Dieser kleine Baumfrosch aus Madagaskar braucht keinen Tümpel. Gegen den Durst nimmt er die Luftfeuchtigkeit direkt über die Haut auf. Diese sondert zusätzlich Sekrete ab, die das Austrocknen verhindern sollen.

Die Froscharten, die auf den Bäumen leben, haben normalerweise einen schlanken Körper, lange Gliedmaßen und Zehen mit einer Art Klebscheibe, die, einem Saugnapf ähnlich, beim Klettern und Springen von Ast zu Ast sehr praktisch sind.

Die meisten Wasserfrösche haben Schwimmhäute an den Zehen der Hinterbeine und Augen auf der Oberseite des Kopfes. So können sie untergetaucht bleiben und gleichzeitig über der Wasseroberfläche Ausschau halten.

Die Füße der Frösche sind wie ein Personalausweis. An ihnen erkennt man, ob die Art in den Bäumen, im Wasser oder am Erdboden lebt.

Die am Waldboden lebenden Arten haben weder Saugnäpfe noch Schwimmhäute. Doch mit ihren Hinterfüßen können sie sich innerhalb von Sekunden eingraben. Außerdem ist ihre Haut trockener als die der anderen Arten, erdfarben und meistens körnig bis warzig.

Pflanzen auf dem Weg zum Licht

Pflanzen, die am Waldboden sprießen, mangelt es unter den hohen Bäumen an Licht. Um sich einen Platz an der Sonne zu sichern, umwinden, erdrosseln, umklammern und umranken sie die in den Himmel ragenden Baumstämme. Berechnungen zufolge kann ein Baum bis zu 140 Kilo solcher sogenannter Schmarotzer tragen.

Jede einzelne Pflanze will leben, will zum Licht durchdringen, sich ihm entgegenstrecken.

Auf der Suche nach Licht klettern einige Pflanzen am Baumstamm nach oben. So kommen sie zum sonnigen Wipfel, ohne sich einen eigenen Stamm leisten zu müssen. So halten es auch die Lianen, die im Regenwald zahlreich vorkommen. Andere Pflanzen wie der Nestfarn klammern sich an einen Zweig und steigen im Zuge des Baumwachstums mit ihm weiter in die Höhe.

Im Regenwald kommt nur 1% des Sonnenlichts, das die Baumkrone bescheint, am Erdboden an. Manchmal warten die jungen Sprösslinge jahrelang auf ein Lichtloch, das durch den Fall eines Baumes entsteht, und können erst dann himmelwärts wachsen. So dauert es auch bei diesem Elemi-Trieb viele Jahre, bevor er zu einem 50 Meter hohen Koloss heranwächst, der alle anderen Waldbäume auf Madagaskar überragt.

Im Dämmerlicht des Unterholzes geht es gemächlich zu. Hier wachsen die Pflanzen sehr langsam und ein Farn braucht mehrere Monate, um seinen Farnwedel auszurollen.

Ganz dicht am Waldboden

Winzige Lebewesen, Insekten, Würmer und Pilze bevölkern den Waldboden und arbeiten unablässig daran, den pflanzlichen Abfall und die Überreste kleiner Tiere in Pflanzennahrung umzuwandeln. Der Regenwald produziert also die Nahrung, die er zum Leben braucht, selbst: Die Bäume nehmen Nährstoffe auf, die zuvor von Millionen von Lebewesen recycelt wurden.

Pilze fühlen sich im warmen feuchten Regenwald besonders wohl. Nach einem Regenschauer tauchen sie in einer faszinierenden Farben- und Formenvielfalt überall im Unterholz auf. Einige Arten welken schon nach wenigen Stunden und verschwinden so schnell, wie sie gekommen sind.

Nachdem Raupen das zarte Gewebe dieses Blattes abgeknabbert haben, sind nur noch die Blattadern übrig geblieben. Diese zerfallen erst durch Pilze, die sich davon ernähren. Sie setzen Nährstoffe im Boden frei, die den Pflanzen und den angrenzenden Bäumen von Nutzen sind. Sogar das harte Baumholz wird gefressen und verdaut – darum kümmern sich unter anderem die Termiten. Die Insekten verzehren das Holz und scheiden später den Zellstoff mit den Exkrementen aus. Diese ernähren wiederum die Baumwurzeln.

Ein verwelktes Blatt wird innerhalb weniger Wochen mit den vereinten Kräften von Würmern, Bakterien und Pilzen wieder in Nahrung für den Ursprungsbaum umgewandelt.

Wenn Tiere Pflanzen helfen

Zur Fortpflanzung brauchen Pflanzen Pollen. Dieser wird von Insekten oder vom Wind von Blüte zu Blüte getragen. Da unter dem Blätterdach der großen Bäume zu wenig Wind weht, müssen die Pflanzen ihre Fortpflanzung den Tieren anvertrauen. Deshalb locken sie sie mit Farben und Düften. Der Pollen einiger Blumen kann nur von einem einzigen Tier weitergetragen werden. Nur dieses kann an den Pollen gelangen und ihn verbreiten.

Zur Fortpflanzung der Passionsblume kann nur ein einziger Verbündeter beitragen – der Kolibri. Wenn er den Schnabel tief ins Herz der Blüte taucht, um Nektar zu saugen, streift er die Staubblätter und bestäubt sich mit Pollen. Das hat geklappt. Der Kolibri, der täglich mehrere Blumen anfliegt, bringt den Pollen mit Sicherheit zu einer anderen Blume dieser Art. Diese produziert dann Samen, woraus neue Blumen entstehen können.

Viele Pflanzen haben ihren eigenen, besonderen tierischen Helfer.

Diese Orchidee aus Madagaskar verbirgt ihren Nektar tief unten im Sporn, der 40 Zentimeter lang werden kann. Zum Bestäuben braucht sie ein Tier mit einem ebenso ungewöhnlich langen Saugrüssel. Der Schwärmer *Xanthopan morgani* ist der einzige Schmetterling, der so ausgestattet ist. Er ist für das Überleben des »Sterns von Madagaskar« zuständig.

Der Kolibri hat einen besonders spitzen Schnabel, damit er an den Nektar, der unten in der Blumenkrone verborgen ist, herankommt. Die Pflanzen locken den Vogel häufig mit grellen Farben an. Rot ist sehr beliebt, da es sich wirkungsvoll gegen das Dunkelgrün des Regenwaldes abhebt. Je leuchtender die Farbe, umso größer ist die Chance, von dem kleinen Vogel wahrgenommen zu werden.

Nach Sonnenuntergang besuchen die Nachtfalter jene Blumen, die nur in der Dunkelheit aufgehen. Jede Blume hat ihren eigenen Duft, mit dem sie die Insekten auf sich aufmerksam macht, die so die Pflanze erkennen, von der sie sich ernähren.

In den Regenwäldern der Inseln Borneo und Sumatra wächst eine Blume mit einem Durchmesser von einem Meter: Die Schmarotzerblume (*Rafflesie*). Dabei handelt es sich um die größte, aber auch um die seltenste und originellste Blume der Welt. Von der Pflanze sieht man nur die grell gescheckte Riesenblüte mit dem dichten Gewebe, während der Rest aus Fasern besteht, die sich in den Lianen verbergen. Rafflesiengewächse haben demnach weder Blätter noch Stiele noch Chlorophyll. Sie ernähren sich vom Saft anderer Pflanzen, sogenannten Wirten, auf deren Kosten sie wachsen und gedeihen. Doch trotz ihrer Größe hängt das Überleben dieser faszinierenden Pflanze am seidenen Faden. Mittlerweile ist es fast ein kleines Wunder, wenn eine Schmarotzerblume blüht.

Über zwei Jahre vergehen zwischen dem Augenblick, in dem sich ein winziges Samenkorn der Schmarotzerblume im Gewebe einer Wirtsliane einnistet, und dem Moment, in dem die Blütenknospe ihre maximale Größe erreicht. Die Blüte benötigt vierundzwanzig Stunden zum Aufgehen und blüht nur drei Tage lang. Dann zerfallen die Blütenblätter zu einer schwarzen Masse. Die Blumen, die mal männlich, mal weiblich sind, haben also nur wenige Tage Zeit, sich fortzupflanzen.

Das Überleben der Schmarotzerblumen wird durch die Fliege *Chrysomyia megacephala* gesichert. Sie wird von dem intensiven Duft der Blüte angelockt. Wenn es sich um ein männliches Exemplar handelt, beschmiert sie sich mit dem zähflüssigen Pollen. Nun muss die Fliege eine weibliche Blüte finden, die sie befruchten kann.

Das Überleben der größten Blume der Welt hängt von einer kleinen Fliege ab.

Reife Samen süßer Früchte

Damit sich die Bäume im Dschungel immer weiter fortpflanzen und verbreiten können, müssen sie zahlreiche Früchte tragen. Wenn die früchtefressenden Tiere diese saftigen Leckereien fressen und später wieder ausscheiden, helfen sie, die in den Früchten steckenden Samen der Bäume im Wald zu verteilen. Hier können nun wieder neue Pflanzen entstehen.

Dieses Feuchtnasenaffenweibchen wird die Nahrung, die es hier frisst, ein Stück weiter entfernt verdauen. Die Samen der gefressenen Früchte werden nicht von den Verdauungssäften zersetzt, da sie sehr hart sind. Sie werden unverändert ausgeschieden und landen so an einem Ort, der nicht in unmittelbarer Nähe ihres Ursprungsbaums liegt. Auf diese Weise kann sich die Pflanze über weite Strecken im Regenwald verbreiten.

Die Bäume geizen nicht mit Farbe und Geschmack, um ihre Früchte den Tieren anzupreisen. Da viele Tiere die Samen fressen, haben einige Pflanzen im Laufe der Zeit Schutzmechanismen für ihr Saatgut entwickelt. Einige Samen sind giftig, andere werden in harten Schalen versteckt oder so raffiniert ins Fruchtfleisch gemischt, dass sie mit den Ausscheidungen des jeweiligen Tieres wieder zu Tage kommen.

Viele Pflanzen und Tiere sind so sehr aufeinander angewiesen, dass das Gleichgewicht des Regenwaldes bedroht ist, wenn einer der beiden Partner verschwindet.

DAS GESETZ DES DSCHUNGELS

Zahlreiche Strategien sichern das Überleben

Beute oder Raubtier zu sein liegt oft nah beieinander. Jedes Tier entwickelt deswegen Angriffs- oder Verteidigungsstrategien. Um den Schnäbeln, den zuschnappenden Kiefern oder den Fangzähnen zu entkommen, benutzen sie Gift, schüchtern ihre Feinde ein, tarnen sich oder ahmen andere nach. Im Regenwald sind Täuschungsmanöver an der Tagesordnung.

Gefährliche Waffen

Die Fülle an Tier- und Pflanzenarten lässt den Regenwald wie eine unerschöpfliche Vorratskammer erscheinen, in der jeder jeden frisst. Die Schwächsten müssen sich bewaffnen, um zu überleben. Zur Verteidigung gegen Raubtiere und Parasiten haben die Pflanzen wie auch viele Tiere furchterregende Waffen entwickelt. Panzer, Stacheln, Gift – Hauptsache, man kann den Feind damit abwehren und selbst überleben.

Oft schützen sich Pflanzen mit chemischen Stoffen gegen Blattfraß. Leider wirkt es nicht immer: Es gibt auch Pflanzenfresser, die gegen Pflanzengifte immun sind. Um auch diese abwehren zu können, rüstet sich die Rotanpalme mit einem Schutzwall aus Stacheln.

Fressen und gefressen werden – die beste Waffe gewinnt!

Auch die Insekten schützen sich. *Epidares nolimetangere* ist eine Gespenstschrecke mit einer natürlichen Rüstung aus Stacheln. Allein der Anblick der sieben Paare roter Stacheln schlägt manchen Angreifer in die Flucht. Doch dieses Insekt hat noch mehr Verteidigungsstrategien auf Lager. Die Stacheln ahmen bis ins letzte Detail die Dornen der Rosensträucher nach, von denen sich die Gespenstschrecke ernährt. So kann sie bis zur Unkenntlichkeit mit ihrer pflanzlichen Umgebung verschmelzen.

Einige Raupen rüsten sich gegen gierige Vögel mit kleinen Dornen, die ein starkes Gift verspritzen. Andere, wie diese behaarte Raupe aus Borneo, sind mit langen Brennhaaren ausgestattet, um Fressfeinde und Parasitenfliegen abzuwehren, die sich zum Eierlegen auf ihnen niederlassen möchten.

Getarnt lebt es sich besser

Die schwächsten Tiere können nur auf eine Art überleben: Sie müssen sich verstecken. Während sich die einen irgendwo verbergen, maskieren sich andere und ahmen die Pflanzen in ihrer Umgebung nach. Sie werden unsichtbar, indem sie nicht nur die Farbe, sondern auch die Gestalt und die Struktur dieser Pflanze annehmen. Manche lassen sich sogar von Pflanzenparasiten anknabbern, um noch echter auszusehen.

Das Wandelnde Blatt ist ein Meister der Tarnung. Der Körper, die Deckflügel und sogar die Auswüchse an den Beinen kopieren das Blatt bis ins letzte Detail. Außerdem ist das Insekt so raffiniert, auch noch die Blattäderung abzubilden und es so aussehen zu lassen, als sei das Blatt von Schimmelpilz befallen. Durch leichtes Schaukeln ahmen sie ein Blatt im Wind nach. Die Ähnlichkeit mit der Pflanze ist so gelungen, dass Fressfeinde, wie Vögel oder Eidechsen, sie nicht bemerken.

Man staunt immer wieder, wenn man zwischen den Blättern plötzlich ein Tier entdeckt.

Blätter, ob sie nun grün sind oder welk, werden besonders gerne nachgeahmt. Dieser Grashüpfer aus dem amerikanischen Tropenwald tarnt sich besonders gut, da er sein Aussehen und sein Verhalten perfekt auf sein pflanzliches Vorbild abstimmt. Wenn er den Kopf auf die Rinde legt und den Körper aufrichtet, hält man ihn für ein Blatt, das am Ast hängt. Er hat sogar geübt, sich der Bewegung der Blätter im Wind anzupassen und sich mit ihnen darin zu wiegen.

*Man geht vorbei, ohne sie zu sehen,
man sieht sie, ohne es zu bemerken,
und wenn man sie zu überraschen glaubt,
lassen sie sich nichts anmerken, so gut
beherrschen sie die Kunst der Täuschung.*

Der Wieselmaki ist ein unauffälliger kleiner Feuchtnasenaffe von der Insel Madagaskar. Da sein Fell die gleichen Brauntöne hat wie Baumrinde, fällt er im Unterholz nicht auf. Zur Sicherheit kommt er außerdem nur nachts heraus und ruht tagsüber in einem Baumloch, wo er nicht gestört wird.

Der Schmuck-Hornfrosch aus Borneo ähnelt den welken Blättern, die überall am Waldboden liegen. Entdeckt man trotzdem einen, kann man so nahe herankommen, dass man ihn berühren kann. Er wird sich nicht bewegen, weil er sich darauf verlässt, aufgrund seines Aussehens nicht gesehen zu werden. Auch das Insekt, das in die Nähe seines großen Mauls gerät, sieht ihn nicht und wird gefressen.

Der Instinkt sich zu tarnen hat sich im Laufe von Millionen von Jahren entwickelt. Tiere, die sich diese Fähigkeit nicht aneignen konnten, konnten nicht überleben.

Ein kleiner Ast? Nein, ein Phänomen unter den Tieren. Was auf den ersten Blick wie ein Zweig aussieht, läuft plötzlich auf sechs Beinen davon. Die Gespenstschrecke kann geradezu zaubern – jeder hält sie für ein schlichtes Stück Holz. Sie bewegt sich nur nachts, um zu fressen, und zwar ruckartig, wie vom Wind geschüttelt. Auch dies ist eine Vorsichtsmaßnahme gegen eine mögliche Entdeckung. Tagsüber klebt sie an irgendeiner Unterlage und legt als Verlängerung des Körpers die Vorderbeine vor ihren Kopf, um die Form eines Astes noch besser vortäuschen zu können. Bei der kleinsten Berührung lässt sie sich starr wie ein Stück Holz fallen. Um der Gefahr zu entgehen, täuscht die Gespenstschrecke sogar den Tod vor.

Wie viele Tiere, die sich tarnen, ist auch der Plattschwanzgecko nachtaktiv und versteckt sich tagsüber. Das ist keine leichte Aufgabe, denn er muss nicht nur die Farbe und die Struktur von Rinde genau nachahmen, sondern auch den Schatten verschwinden lassen, den er eigentlich werfen würde. Dafür hat der Plattschwanzgecko rundherum Hautlappen, die er wie Saugnäpfe an den Baum klebt. Auf diese Weise verschwimmt sein Umriss und er ist nicht mehr zu sehen. Nur die Augen könnten ihn verraten.

Die nachtaktiven Plattschwanzgeckos kommen nur auf der Insel Madagaskar vor. Es gibt mehrere Arten, die sich aber deutlich voneinander unterscheiden – je nachdem, in welchem Wald sie leben. Dieser *fimbriatus* zählt zu der größten Art. Er wird bis zu 50 Zentimeter lang, kann sich aber dennoch so gut wie unsichtbar machen. Sobald er sich jedoch vom Baumstamm löst, gibt er sich zu erkennen.

Giftige Frösche

Nicht nur raffinierte Waffen und Tarnstrategien helfen den Tieren des Regenwaldes, sich vor Feinden zu schützen. Pfeilgiftfrösche werden zwar nur knapp 3 Zentimeter groß, sind aber so giftig, dass sie beim Menschen innerhalb von wenigen Minuten einen Herzstillstand verursachen können. Diese Frösche leben in den Wäldern Mittelamerikas und im Amazonasgebiet.

Das Erdbeerfröschchen, das sich hier in einem Pilz eingerichtet hat, versteckt sich nicht. Im Gegenteil, es stellt sich zur Schau, als wollte es quaken: »Achtung, giftig!« Das Fröschchen, das kaum einen Daumennagel groß ist, hat keinen einzigen Fressfeind. Falls es doch angegriffen wird, sondert es über die Haut ein Gift ab, das bei seinem Angreifer einen Herzstillstand auslöst.

Wer den Feind warnen will, tut dies am besten in den Farben Rot, Gelb und Schwarz.

Pfeilgiftfrösche sind tagaktiv und halten sich meist in Bodennähe auf, wo sie in ihrem Revier nach Nahrung suchen. Sie fressen zahlreiche Insekten, aber ihre Giftigkeit erhalten sie durch den Verzehr giftiger Ameisen. Mit ihren grellen Farben warnen sie mögliche Feinde im Vorhinein. Schließlich sollten diese wissen, dass es nicht ratsam ist, einen giftigen Frosch zu verschlingen.

Leuchtende Farben gegen mögliche Fressfeinde

Einige harmlose Tierarten setzen statt auf Tarnung darauf, ihr Aussehen dem einer giftigen Art anzugleichen. Der Feind soll beide nicht voneinander unterscheiden können. Andere Arten wiederum versuchen, den Gegner abzuschrecken. Wird er angegriffen, so reißt der Plattschwanzgecko seine Schnauze weit auf und zeigt einen bedrohlichen roten Schlund. Einige Schmetterlinge vertreiben ihre Feinde, indem sie die runden Flecken auf ihren Flügeln zeigen. Diese »Augenflecke« sehen aus wie die Augen einer Schlange.

Zu einer Uhrzeit, zu der sich alle anderen Tiere im Regenwald verstecken, scheut diese Wanze sich nicht, gut sichtbar herumzuspazieren. Sie vertraut darauf, dass ihre Farben jeden Feind von einem Angriff abhalten. Falls aber doch ein Tier zu neugierig ist, sondert die Wanze einen Geruch von bitteren Mandeln ab, der dem Zyanid ähnelt, einem starken Gift. Was ist wahr, was gelogen? Der Feind, der nicht feststellen kann, ob es sich bei diesem Farbwunder tatsächlich um ein giftiges Tier handelt, sollte lieber abdrehen statt ein hohes Risiko einzugehen.

List, Täuschung, Lüge …
Im Regenwald tricksen sich alle gegenseitig aus. Der Erfindungsreichtum der tropischen Tiere ist unerschöpflich.

Der tagaktive Rotaugenlaubfrosch *Agalychnis callidryas* verbringt die Tage auf einem Blatt, wobei er nur die Grüntöne seines Rückens zeigt. So ist er beinahe unsichtbar. Falls diese List auffliegt, kann er zu einem weiteren lebensrettenden Mittel greifen und unvermittelt die großen roten Augen aufreißen. Der Überraschungseffekt lässt ihm genügend Zeit, mit einem Satz davon zu springen. In diesem Augenblick zeigt er wohl oder übel die bunten Streifen an seinen Beinen und Füßen.

Gefräßige Insekten

Im Regenwald muss man kein großer Muskelprotz sein, denn hier bestimmen oft die Kleinen, wo es lang geht. Wenn Insekten von Wanderameisen angegriffen werden, rührt sich im Unterholz wochenlang nichts mehr. Raupen sind ähnlich gefräßig. Einige Arten fressen alle Bäume in ihrer Umgebung kahl. In Südamerika fressen die Blattschneiderameisen 20 % des Astwerks im Regenwald.

Mit 17 Zentimetern Länge ist der Herkuleskäfer einer der größten bekannten Käfer und eines der stärksten Insekten. Das Männchen kann mit seiner kräftigen Zange ein Gewicht von 2 Kilogramm tragen, obwohl es selbst nur 30 Gramm wiegt.

Insekten können zum Überleben auf ihre Widerstandskraft und ihre Anzahl vertrauen. Ein Ameisenhaufen kann 8 Millionen Ameisen beherbergen.

Die Blattschneiderameisen können mit ihren scharfen Zangen wie mit einer Gartenschere innerhalb von zwei Minuten ein Blatt abschneiden. Dann bringen sie diesen Schatz von der Baumkrone in ihre weit entfernten unterirdischen Kammern. Sie brauchen einen stählernen Kiefer, um darin eine Last zu transportieren, die 50 Mal schwerer ist als die Ameise selbst. Sechs Meter unter der Erde verwandeln sich die Blattschneiderameisen in Gärtnerinnen. Mit Hilfe ihrer Ernte züchten sie einen Pilz, der ihre einzige Nahrungsquelle darstellt.

Die Architekten des Waldes

Im Regenwald gibt es unzählige hohle Bäume, Lianennetze und andere Verstecke. Trotzdem bauen sich viele Tiere selbst eine Unterkunft aus Baustoffen, die sie in der Natur finden. Diese Bauten unter der Erde, in der Baumkrone, auf einem Baumstamm oder direkt am Erdboden müssen drei Anforderungen genügen: Sie müssen den Jungtieren eine sichere Zuflucht bieten, vor Wind und Wetter schützen und vor Raubtieren geschützt liegen.

Feldwespen legen ein Nest an, indem sie strahlenförmige Waben aneinander heften, in die sie ihre Eier legen. Diese Bauten werden aus Holzfasern gefertigt, die zerkleinert und so lange durchgekaut werden, bis eine breiige Masse entsteht, die an der Luft trocknet. So ein solides Wespennest kann viele Jahre halten.

Abends baut sich jeder Orang-Utan ein Nest im Baum. Dazu zerbricht er mehrere Äste, die er in einer Astgabel etwa 20 Meter über dem Boden verteilt und mit Blättern bedeckt, um das Nachtlager bequemer zu gestalten. Nur die ganz Kleinen schlafen bei ihrer Mutter. Dieser Zweijährige kann sich sein Bett noch nicht selbst bauen, aber er weiß schon, wie er aus einem Blatt einen Regenhut bastelt.

Die Weißen Fledermäuse fertigen ihr Quartier für den Tag aus einem großen Helikonienblatt. Mit den Zähnen trennen sie die Seitenadern entlang der Mittelrippe durch, sodass sich das Blatt an beiden Seiten zeltförmig nach unten klappt. Eng aneinandergeschmiegt brauchen sie unter diesem pflanzlichen Zelt den sintflutartigen Regen genauso wenig zu fürchten wie den gierigen Blick eines möglichen Feindes. Sie können ruhig schlafen.

Die natürlichen Bauten – vom Blätterbett des Orang-Utans bis zu den Blattzelten der Fledermäuse – zeigen den Einfallsreichtum der Tiere.

Fleisch fressende Pflanzen

Neben Wasser und Licht brauchen Pflanzen lebenswichtige Nährstoffe. Normalerweise finden sie alle nötigen Substanzen im Boden und nehmen sie über die Wurzeln auf. Bei den Kannenpflanzen funktioniert dieses System jedoch nicht, da sie in einer nährstoffarmen Umgebung leben. Die erfinderischen Pflanzen entwickelten sich deshalb zu Fleisch fressenden Pflanzen und lernten, sich von Insekten zu ernähren.

Auf Borneo wächst die größte Fleisch fressende Pflanze, die sogar ~~eine~~ kleine Ratte verdauen kann.

Eine Pflanze kann sich und ihre Nahrungsbedürfnisse der Umgebung anpassen, indem sie ihre Gestalt verändert. Das Blatt dieser Kannenpflanze *Nepenthes ampullaria* hat sich in eine mit Wasser gefüllte Kanne verwandelt, in der die Insektenopfer ertrinken. Der Rand der Falle ist schlüpfrig und ähnelt einer Rutschbahn, die ein gefangenes Insekt nicht erklimmen kann. Doch die Beute, die diese Pflanze fängt, muss auch verarbeitet werden. Um die Eiweißstoffe des Tieres bestmöglich zu nutzen, schüttet die Pflanze Verdauungsenzyme aus, die unseren Verdauungssäften recht ähnlich sind.

Einige Fleisch fressende Pflanzen wachsen am Boden, andere auf Bäumen, doch alle benutzen vielfältige Köder und Lockmittel, um ihre Opfer zu erbeuten. Sie schütten Nektar am Rand der Kanne aus, duften nach Honig, zeigen sich in leuchtenden Farben oder ausgefallenen Formen ...
Diese Schönheiten werden ihren Opfern zum Verhängnis, um selbst zu überleben.

Dank ihrer ausgeprägten Anpassungsfähigkeit können Kannenpflanzen an ganz unterschiedlichen Orten überleben. Immer wieder besiedeln sie neue Lebensräume.

Die Stunde der Nachtschwärmer

Der Regenwald schläft nie. Am Ende des Tages geht das vielfältige Leben weiter. Wenn die tagaktiven Tiere fieberhaft nach einem Nachtquartier suchen, warten andere die Dunkelheit ab, um zu fressen, zu kommunizieren oder sich fortzupflanzen. Doch wer nachts unterwegs ist, muss sich im Dunkeln fortbewegen und zurechtfinden können.

Der Mausmaki ist der kleinste Feuchtnasenaffe. Er ist so klein wie eine Maus, wendig und schnell, und kann 2 bis 3 Meter weit springen. Der Mausmaki wartet auf die Nacht, um Früchte zu sammeln und Insekten und kleine Wirbeltiere zu jagen. Er kann sehr gut im Dunkeln sehen und sich auf seinen ausgezeichneten Geruchssinn ebenso verlassen wie auf seine guten Ohren. Diese nehmen sogar das Flügelschlagen von Insekten oder die Bewegung einer kleinen Eidechse wahr.

Um die Fotografen herum ertönen unbekannte Signale und sie müssen sich mit dem Licht ihrer Taschenlampen und der eingeschränkten menschlichen Wahrnehmung zufrieden geben.

Nachts weitet sich die Pupille dieser Borneo-Langschwanzagame und nimmt die ganze Iris ein, damit auch der kleinste Lichtstrahl ins Auge trifft. Feuchtnasenaffen und Eulen haben nur große Augen, während andere Tiere große Augen und große Ohren miteinander kombinieren, um ihre Beute besser fangen zu können. Fledermäuse schicken hohe Schallwellen aus, die von Gegenständen oder Tieren als Echo zurückgeworfen werden. So können sie ihre Beute finden und identifizieren. Viele Insekten nutzen die nächtliche Dunkelheit, um unerkannt zu fressen. Zu dieser Zeit fürchten sie sich weniger vor ihren Feinden, müssen aber ständig zirpen, um sich zu verständigen: »Wo bist du? Ich bin hier!« Auch in der tropischen Nacht ist es alles andere als ruhig.

IN DEN WIPFELN DER BAUMRIESEN

Zwischen Himmel und Wald – die Kronenschicht

Im höchsten Stockwerk des Regenwaldes bilden die Bäume ein dichtes Blätterdach – die Kronenschicht. Hier blühen die Lianen, hier reifen die Früchte und hier flattern die Schmetterlinge und Vögel. Die Kronenschicht ist der üppigste Lebensraum im Regenwald, doch viel mehr ist nicht über sie bekannt. Dieser grüne Ozean ist ähnlich unerforscht wie der Mond.

Hängende Gärten 40 Meter über dem Erdboden

Da die Kronenschicht den Sonnenstrahlen unmittelbar ausgesetzt ist, bekommen die Pflanzen sehr viel Licht. Deshalb präsentiert sich die Natur hier von ihrer üppigsten Seite. Die Tiere werden von den vielen Blumen und den saftigen Früchten angelockt und drängeln sich geradezu in den hoch gelegenen Gärten.

Inmitten der Aufsitzerpflanzen (*Epiphyten*) wie diesen Orchideen kann das Zweifinger-Faultier (auch Unau genannt) ganze Tage kopfüber verbringen, ohne Energie zu verbrauchen. Es schläft 20 Stunden täglich und verbringt fast sein ganzes Leben hängend in den Ästen. Wenn es hungrig wird, streckt es einfach die Pfote aus, um sich etwas zu Fressen zu holen. Ein Faulpelz? Aber ein recht kluger: Seine Überlebensstrategie in den amerikanischen Regenwäldern besteht einfach aus der Reglosigkeit, durch die er beinahe unsichtbar wird.

Zwei Drittel des Pflanzenreichtums im Regenwald wachsen in der Kronenschicht. Aufsitzerpflanzen sind in einer Fülle vorhanden, die sie dem Sonnenlicht verdanken. Sie wachsen auf Baumstämmen und Ästen, ohne dem Baum Nährstoffe zu entziehen. Im Einklang mit dem dichten Blattwerk der Baumwipfel tragen sie zum Reichtum des Walddaches bei. Einige Arten wie die Ananasgewächse fangen das Regenwasser in ihren Blättern auf. Diese winzigen hohen Teiche dienen als Vogeltränke und Babystation für Frösche. Wie eine hängende Oase ziehen sie viele kleine Tiere an.

Faultiere zählen zu den ältesten Säugetieren. Sie haben bis heute überlebt, indem sie sich von Blättern ernähren, die andere Tiere meiden. So kommt es zu keiner Konkurrenz.

Ein Vorbild an Gelassenheit

Das Aï oder Dreifinger-Faultier verhält sich in keiner Weise so wie andere Tiere. Die meisten Regenwaldbewohner setzen auf Geschwindigkeit, um zu überleben, doch das Aï handelt nie übereilt. Am Baum hangelnd erreicht es eine Geschwindigkeit von 250 bis 350 Metern in der Stunde. Als Baumbewohner verlässt es seinen Baum nur einmal in der Woche, um sein Bedürfnis zu verrichten. Dieses Unternehmen kostet es ein Viertel seines Gewichts, da es Energiereserven nur sehr langsam mobilisieren kann.

Auch zum Fressen nimmt sich das Aï viel Zeit – es frisst jede Viertelstunde ein Blatt. Es ist Vegetarier und verträgt die Blätter von etwa hundert Baumarten. Mit einem solch nährstoffarmen Speiseplan, der kaum Energie spendet, darf es sich nur wenig bewegen. Das Faultier ist ein scheuer Einzelgänger, der nur eins im Sinn hat: in Ruhe zu schlafen. Es kümmert das Aï nicht, wenn der tropische Regen über es hinweg strömt, denn das undurchlässige Fell hält es trocken. Dazu kommt, dass ihm die Algen, die sich wegen seiner Reglosigkeit auf ihm festsetzen, einen Grünschimmer verleihen. Nun ist die Tarnung perfekt.

Das Faultier mag seltsam wirken, aber es beweist, dass die Natur für jede Situation eine originelle Lösung bereithält.

Tausende von Vögeln

Am frühen Morgen, wenn der Regenwald erwacht, rauscht es zwischen den Wipfeln. Jetzt singen, rufen und kreischen die Vögel besonders laut. Einige Arten fliegen im Schwarm wie die Aras, während andere wie die Tukane zu zweit unterwegs sind. Sie alle laben sich an den Köstlichkeiten, die die großen Bäume zu bieten haben.

Der Blaucoua aus der Familie des Kuckucks kommt nur in den Regenwäldern im Osten Madagaskars vor. Der ungeschickte Flieger ist ein hervorragender Jäger. Er versteckt sich im Astwerk und fängt kleine Reptilien. Der Plattschwanzgecko schläft beispielsweise stets mit dem Kopf nach unten, um sich im Falle eines Angriffs durch den Coua fallen zu lassen und im Notfall auch seinen Schwanz in dessen Schnabel zurückzulassen.

Trotz ihres leuchtenden Gefieders sind diese Vögel schwer zu sehen. Man hört sie mehr als dass man sie sieht.

Der Hellrote Ara kann 50 Jahre alt werden und bleibt seiner Lebenspartnerin ein Leben lang treu. Dieser große Vogel lebt in den höheren Stockwerken des Regenwaldes und ernährt sich von Schalenobst. Mit dem kräftigen Schnabel, der einem Nussknacker ähnelt, kann er auch die härtesten Hüllen knacken. Mit den vier Zehen, von denen sich jeweils zwei gegenüberstehen, kann er im Amazonas-Regenwald, wo auch der Halsbandsittich lebt, problemlos die Bäume erklimmen.

Mit seinem einzigartigen Aussehen schmückt der Tukan die tropischen Regenwälder Amerikas. Der farbige, 15 bis 20 Zentimeter lange Schnabel pflückt mit der Genauigkeit eines Chirurgen die Früchte von den Zweigen, die das Gewicht des Vogels nicht tragen können. Häufig folgt der Tukan einer Affenschar, um die übrig gebliebenen Früchte zu fressen. Sobald der Tukan eine Nahrungsquelle entdeckt hat, ruft er lauthals seine Artgenossen, die sich an dem Festmahl beteiligen können.

Im Königreich der Schmetterlinge

Die meisten Schmetterlinge in den Tropenwäldern leben auf der Höhe der Baumwipfel. Die kleinsten haben eine Spannweite von 2 Millimetern, während die größten mit ausgebreiteten Flügeln dreißig Zentimeter groß sind. Sie unterscheiden sich nicht nur durch die Größe und die Färbung, sondern auch dadurch, dass es sowohl Tag- als auch Nachtfalter gibt.

Viele Schmetterlinge finden ihre Nahrung nur in einer einzigen Pflanzenart. Um sie in der Pflanzenfülle zu erkennen, benutzen sie ihre Beine, mit denen sie auch riechen können. Dann tauchen sie den Saugrüssel in die Blumenkrone der Blüte und saugen den süßen Nektar.

Schmetterlinge leben nur wenige Tage oder Wochen, in denen sie sich fortpflanzen.

Bei den Tagfaltern unterscheiden sich Männchen und Weibchen nach den Farben und Mustern auf ihren Flügeln. Hieran erkennen sie sich auch. Dieses Passionsblumenfalter-Weibchen identifiziert seinen Partner anhand der Linie aus weißen Pünktchen, die seine Flügel säumt.

Nach der Paarung legt das Weibchen die Eier gut geschützt unter einem Blatt ab. Dabei wählt es sorgfältig eine Pflanze aus, von der sich die zukünftigen kleinen Raupen ernähren können.

Die Welt der Primaten

Von den Dschungeln in Australien und Neuguinea abgesehen, in denen keine Primaten leben, beherbergen die tropischen Regenwälder die meisten Affen der Welt. Viele von ihnen bauen ihr Reich in der Kronenschicht, die ihnen das ganze Jahr lang die Früchte, Blätter, Sprossen, Insekten und kleinen Wirbeltiere bietet, die sie zum Leben brauchen.

Der kleine Hanuman-Langur aus Borneo ist bestens an das Leben im Baum angepasst und kann sich von Geburt an im Fell seiner Mutter festkrallen, wenn diese sich durch die Bäume schwingt. Im ersten Lebensjahr ist sein Fell orangefarben, später verfärbt es sich silbergrau. Experten behaupten, dieses »Geburtsfell« löse bei den Erwachsenen der Gruppe Beschützerinstinkte aus, damit sie sanft mit den jüngeren Tieren umgehen.

Der Totenkopfaffe klettert wendig wie ein Eichhörnchen in die oberen Stockwerke des Amazonaswaldes.

Gibbons leben in engen Familienverbänden und die Jungen können bis zu zehn Jahre bei ihren Eltern bleiben. Alle Primaten, die zu den Menschenaffen gehören, haben so eine lange Kindheit. Die Gibbons sind begabte Akrobaten und verbringen die meiste Zeit in den Bäumen, wo sie sich von Pflanzen, Insekten, Eiern, Vögelchen und kleinen Reptilien ernähren. Jede Gruppe holt ihre Nahrung aus einem eigenen Revier, das es im Notfall mit lautem Gekreische verteidigt. Diese lauten Schreie reichen oft aus, um die Mitglieder einer anderen Gruppe dazu zu bringen, woanders nach Nahrung zu suchen.

Unterwegs zwischen Ästen und Blättern

Fröhlich turnen die Affen durch das Gewirr von Ästen, Lianen und Blättern in der Kronenschicht. Sie hüpfen von Ast zu Ast oder sogar gleich von Baum zu Baum. Diese Wipfelbewohner können sich auf ihren Luftstraßen absolut sicher bewegen.

Dieser Sifaka bewegt sich fast nur durch unglaublich wendige Sprünge von Baum zu Baum fort. Seine Hände und Füße sind dafür ausgestattet, sich sofort gut festhalten zu können, wenn er den nächsten Ast erreicht. So kann der Feuchtnasenaffe bis zu 10 Meter weit springen.

Um feste zuzupacken, können die Primaten Daumen und Zeigefinger gegenüberstellen und sind so wie geschaffen für Spaziergänge zwischen Himmel und Erde.

Eine Eigenart vieler Neuweltaffen besteht darin, dass ihr Schwanz länger ist als ihr Körper. Sie können ihn wie einen dritten Arm benutzen. Bei der Nahrungssuche schlingt der Affe seinen Greifschwanz um einen Ast und lässt sich fallen. Das Gute daran ist, dass er so immer noch beide Hände frei hat, um nach Früchten oder Insekten zu greifen.

Mit der Sicherheit eines Seiltänzers bewegt sich der Kapuzineraffe 50 Meter über dem Boden. Die Natur hat ihn mit einem hoch entwickelten Gehirn ausgestattet, mit dem er die Entfernungen genau abschätzen kann. Außerdem hält er sich gleichzeitig mit den Armen, den Beinen und dem Schwanz fest. So kann er nicht herunter fallen.

Die Jäger in der Kronenschicht

Die vielen Tierarten in der Kronenschicht ziehen selbstverständlich auch viele Feinde an, die sie fressen wollen. Die größte Bedrohung geht im obersten Stockwerk von fliegenden Tieren wie Vögeln und Fledermäusen, Tieren, die auf der Lauer liegen wie Schlangen und Chamäleons sowie von Fallenstellern wie Spinnen aus.

Die Tempelviper ist eine 1,30 m lange Baumschlange. Tagsüber döst sie auf einem Baum und wartet die Nacht ab, um Vögel, Eidechsen und Frösche zu jagen. Dazu hangelt sie sich kopfüber an einem Ast entlang. Mit Hilfe einer Sinnesgrube zwischen Augen und Nasenloch nimmt sie ganz genau die Temperatur ihrer möglichen Opfer wahr und kann sie so auch in der Dunkelheit finden.

Wie achtbeinige Jägerinnen machen sich die Spinnen jede Nacht an ihrem Netz zu schaffen. Einige Arten spinnen es zwischen zwei Bäumen und schaffen Netze mit bis zu einem Meter Durchmesser. Das arme Insekt, das sich hierher verirrt, hat kaum eine Chance, aus der Falle zu entkommen. Die Spinne, die auch die geringste Vibration des Beutetieres wahrnimmt, stürmt auf das gefangene Tier zu, wickelt es geschickt ein und legt es gut verschnürt in einer Ecke des Netzes ab wie in einer Vorratskammer.

Die Nördliche Madagaskarboa ernährt sich von kleinen Säugetieren. Da sie nicht giftig ist, erstickt sie die Beutetiere im Würgegriff.

Die Spinne ist mit zahlreichen Sinnesorganen an den Beinen ausgestattet, die jede Vibration in ihrer Umgebung wahrnehmen.

Das Chamäleon bewegt sich sehr langsam fort, aber wenn es Beute fängt, schießt es blitzschnell die Zunge heraus, die genau so lang ist wie sein Körper. Dieses Warzenchamäleon lauert reglos auf einem Ast auf Beute. Allmählich nehmen seine Kämme den Farbton des Blattwerks in seiner Umgebung an. Das Tier ist beinahe unsichtbar, nur die Augen bewegen sich. Wenn das eine Auge geradeaus blickt, kann das andere nach hinten sehen, ohne dass das Chamäleon den Kopf bewegen muss.

Von Chamäleons geht keine Gefahr für den Menschen aus. Sie haben jedoch allen Grund sich vor Schwarzhändlern zu fürchten, die mit wilden Tieren handeln.

Ein Insekt hat sich 30 Zentimeter vor dem Chamäleon niedergelassen, das es mit beiden Augen betrachtet, um die Entfernung abzuschätzen. Dann öffnet das Reptil sein Maul, schiebt die Zungenspitze heraus und lässt sie vorschnellen. Die Heuschrecke wird getroffen und klebt fest auf der Zunge. Sie hat die Gefahr nicht kommen sehen und der Jäger hat innerhalb einer Zehntelsekunde millimetergenau getroffen.

Das Chamäleon zieht seine Zunge wieder zusammen wie ein Akkordeon. Es hat spitze identische Zähnchen, mit denen es die Beute zermalmen kann. Wie dieses Warzenchamäleon greifen auch andere große Chamäleons Feldheuschrecken oder sogar kleine Reptilien und junge Nagetiere an.

Allein auf dem Dach des Waldes

Der Orang-Utan, der in den Regenwäldern Sumatras und Borneos lebt, ist der größte Baumbewohner unter den Säugetieren. Da er sich hauptsächlich pflanzlich ernährt, muss er viel fressen. Das wiederum zwingt ihn zu einem Leben als Einzelgänger in einem weiträumigen Revier, in dem ihm kein Artgenosse in die Quere kommt.

Nur Mutter und Kind leben über einen längeren Zeitraum zusammen. Sieben Jahre lang lernt der junge Orang-Utan die Überlebensstrategien: nahrhafte Bäume zu erkennen, sich von Baum zu Baum zu schwingen und im Baumwipfel ein Nest zu bauen. Erst nach dieser langen Lehrzeit wird der junge Orang-Utan selbstständig.

Wie der Gorilla, der Schimpanse, der Bonobo und der Gibbon zählt auch der Orang-Utan zu den Menschenaffen, den engsten Verwandten des Menschen. Sein genetisches Material entspricht zu 98 % dem unseren. Dennoch wird er in weniger als 20 Jahren vom Erdboden verschwunden sein, wenn niemand die Bulldozer aufhält, die bereits 80 % seines Lebensraumes vernichtet haben. Diese dramatische Entwaldung dient dem Handel mit Tropenholz und dem intensiven Anbau der Ölpalme. Deren Palmöl ist mittlerweile in 10 % unserer Nahrungsmittel und Kosmetikprodukte enthalten.

Die restlichen 20.000 Orang-Uta
könnten innerhalb von 5 bis 10 Jah
auf Sumatra und in 20 Jahren a
auf Borneo ausgestorben se

Rettet den Regenwald

Jedes Jahr werden 100 000 Quadratkilometer Tropenwald abgeholzt – ein unermesslicher Verlust, da mit dem Wald zahllose bekannte und noch nicht erforschte Tier- und Pflanzenarten verschwinden. Gleichzeitig bringt die massive Entwaldung das Klima der Erde durcheinander. Zahlreiche Organisationen setzen sich für die Rettung des Regenwaldes ein. Doch wird ihnen diese Rettung gelingen?

Ein Gorilla kann bis zu 250 Kilogramm schwer werden. Trotz seiner Größe ist es ein sehr friedliches Tier. Gorillas leben in Gruppen mit jungen Männchen und Weibchen mit ihrem Nachwuchs, die von einem älteren Männchen, dem so genannten »Silberrücken« angeführt werden. Gorillas sind Pflanzenfresser und durchforsten ihr Leben lang den Regenwald in Zentralafrika. Wie alle großen Menschenaffen sind auch sie akut gefährdet. Sie sind von Wilderern und Kriegen bedroht und ihr Lebensraum schwindet nicht nur wegen der sich ausbreitenden Landwirtschaft, sondern auch wegen der Förderung des Koltanabbaus. Bei diesem Roherz handelt es sich um ein seltenes Mineral, das für die Chipkarten von Mobiltelefonen benötigt wird.

»Ich bin das Land. Meine Glieder sind die Bäume. Ich bin nicht hier, um die Natur zu beherrschen, ich bin selbst Natur.«

Gedicht der Hopi-Indianer